LA LEYENDA DEL JUEGO DE PELOTA

La Leyenda del Juego de Pelota

Lecciones para hacernos bolas
en un grupo de trabajo

Dr. Andrés López Rentería

Número de Control de la Biblioteca del Congreso de EE. UU.:   2012900853
ISBN: Tapa Dura   978-1-4633-1898-7
                   Tapa Blanda   978-1-4633-1900-7
                   Libro Electrónico   978-1-4633-1899-4

La información, ideas y sugerencias en este libro no pretenden reemplazar ningún
consejo profesional. Antes de seguir los consejos o sugerencias contenidos en este
libro, usted debe consultar a su médico personal, médico de la salud mental, psicólogo
o psiquiatra. Ni el autor ni el editor de la obra se hacen responsables por cualquier
pérdida o daño que supuestamente se deriven como consecuencia del uso o aplicación
de cualquier información o sugerencia contenidas en este libro.

Este Libro fue impreso en los Estados Unidos de América.

Para pedidos de copias adicionales de este libro, por favor contacte con:
Palibrio
1663 Liberty Drive
Suite 200
Bloomington, IN 47403
Llamadas desde los EE.UU. 877.407.5847
Llamadas internacionales +1.812.671.9757
Fax: +1.812.355.1576
ventas@palibrio.com
383653

Índice

DEDICATORIA

A Teka que me hace pensar
en tantas cosas...

INTRODUCCIÓN

Una de las intenciones de este escrito es mostrar que la vida en todos los grupos humanos tiene más semejanzas de lo que suponemos, independientemente del tipo de individuos que los conforman y su entorno presente en ese momento, por lo que considero de utilidad poner atención en estos factores comunes para facilitar el entendimiento de sus procesos, contrario a la visión tan común que se desgasta en enfatizar inútilmente las diferencias y particularidades, y que se ahoga en el análisis de cada una de ellas.

El hecho de tomar en consideración el común denominador en el comportamiento básico de los grupos humanos, hace que su apreciación sea más integral y abarcativa al momento de una elaboración diagnóstica encaminada a la solución de los problemas en un grupo o equipo de trabajo.

Desafortunadamente la atención a manifestaciones aisladas de la problemática en la operatividad grupal, induce a propuestas de solución parciales e incompletas enfocadas al tratamiento paliativo de los reflejos de un mal mayor subyacente; es como si quisiéramos curar a un paciente que tiene fiebre dándole un antipirético, que seguramente le hará sentir mejor por un momento, pero que, al no tratar la causa de la fiebre, resultará insuficiente y seguramente hará perder un tiempo valioso para su atención, enmascarará el verdadero diagnóstico dando una falsa impresión de curación y resurgirá con más fuerza y complicaciones en un determinado lapso de tiempo.

Es así que a través de esta metáfora o paralelismo, jugaremos con la idea de analizar el funcionamiento de un equipo de trabajo, entendiendo por equipo de trabajo a un grupo de individuos con ciertas características de afinidad, sobre todo, con una tarea u objetivo especifico.

Pretendemos mejorar nuestra visibilidad tomando distancia del fenómeno analizado, alejándolo lo más posible de nuestra realidad cotidiana.

Otra razón para plantear nuestros puntos de vista a través de una historia, es la preocupación por hacer más amenos y accesibles conceptos psicológicos que habitualmente son complejos y difíciles de transmitir a través de constructos abstractos.

Nuestra historia plantea precisamente la necesidad de un abuelo por explicar de una manera sencilla a su nieto, lo complejo que es la vida en los grupos humanos.

Ante esta no fácil tarea, el hombre echa mano de un viejo recurso: contar una leyenda o parábola para llevar un mensaje en forma de metáfora al joven que lo escucha.

La historia contada por el anciano plantea, a través de mostrar la vida de un pueblo indígena, las complicaciones grupales más comunes y sus formas habituales de abordaje.

Analiza los problemas de este pueblo con respecto al tradicional *juego de pelota*, interpreta además algunos de los fenómenos grupales típicos y hace observaciones de algunas características grupales básicas, así como la necesidad de su reconocimiento para, finalmente, dar algunas propuestas de solución o cómo conducirse en un grupo.

Intenta explicar los porqués de los problemas de productividad, sus propuestas de solución infructuosa y por qué habitualmente no funcionan.

Hace algunas propuestas de solución a partir de las observaciones anteriores y otras que ahí se mencionan.

Al final del relato se encontrarán algunas notas del autor con explicaciones conceptuales más detalladas, para profundizar en los significados que plantea la metáfora de esta historia.

Será evidente para el lector que la narración no tiene apego histórico alguno, por lo que hablamos entonces de un pueblo cualquiera, en un lugar cualquiera, en cualquier tiempo y jugando cualquier tipo de juego con una pelota [0]

Espero que en este afán de simplificar las cosas de nuestro quehacer cotidiano como consultor de procesos humanos, para hacerlas asimilables por todo tipo de público, no termine banalizándolas y faltándoles al respeto y sí, por el contrario, ofreciendo un material fácil de degustar.

Andrés López Rentería
Monterrey, México. Enero 2012

La Leyenda del Juego de Pelota

Introducción.

Sentado en su mecedora, como todas las tardes, el abuelo contemplaba a su nieto que se aproximaba desde la calle a la entrada de la casa.

El adolescente, después de despedirse de su compañero de equipo, cerró la reja y se metió a la casa. Por la indumentaria y sus condiciones, era fácil suponer que venía de jugar fútbol, por el semblante y su manera de caminar, seguro que el resultado no había sido muy favorable.

El señor dejó el cigarrillo, la taza de café y, como un buen abuelo, se propuso consolar al muchacho. Todo fué en vano, las palabras de aliento cayeron en saco roto, "seguro la próxima les irá mejor" y todo aquello que se le dice a un derrotado fué utilizado por el abuelo sin respuesta favorable. El humor pesimista persistía en la cabeza del chico con un solo pensamiento, era una duda: "¿Por qué perdimos?, ¿qué pasó?, no lo puedo creer", parecía repetir para sí mismo, moviendo su cabeza de un lado al otro sin cesar.

Desesperado por la obstinada y torturante obsesión del nieto, el abuelo, conmovido también por su tristeza, echó mano de un instrumento hartamente socorrido por los abuelos en esos y otros casos: los cuentos y las anécdotas de los abuelos. Historias que probablemente nunca sucedieron, obras de su propia imaginación, pero por otro lado, al parecer efectivas para remediar esos males o, en el último de los casos, parte de los roles y funciones de todo buen abuelo que se precie de ser.

"Ven y siéntate, te voy a contar una historia…" Invitó desenfadadamente el buen señor, y el joven pensó para sus adentros: "ahí viene con otro de esos aburridos cuentos de su época" y en seguida: "cuándo va a entender que estamos en otros tiempos"; sin embargo, no tuvo más remedio que disponerse a escucharlo, para corresponder a las buenas intenciones del anciano, quien, con solo ver el gesto del muchacho adivinó sus pensamientos previos, de los que hizo caso omiso, y se dispuso, acomodándose en su silla mecedora, a comenzar el siguiente relato.

El Inicio de La Leyenda.

Cuenta una antigua leyenda de nuestros antepasados, que durante las festividades del maíz se celebraba el tradicional juego de pelota entre todos los pueblos de la región. Era un importante ceremonial, que reflejaba el poderío y superioridad entre los distintos reinos de la época, muy apreciado por el valor simbólico que otorgaba al equipo ganador, ya que se consideraba como un signo del nivel de desarrollo físico, económico, político y organizacional, en comparación con el resto de los grupos participantes.

La confianza en el pasado.

El equipo de Nopaltitlan, protagonista de esta historia, confiado en su ancestral supremacía sobre el representativo de Nacotzingo, descansaba plácidamente antes de iniciar el juego, muy seguros de su eventual victoria, como había sido durante las últimas contiendas. Pueblo orgulloso y con jugadores sin duda de la mayor calidad, hábiles, fuertes e inteligentes.

Mientras, el equipo rival proseguía con su ritual de preparación y calentamiento, realizaron los sacrificios habituales a sus deidades protectoras, cosa que el conjunto de Nopaltitlan evitaba con el argumento de ahorrar los sacrificios, lógico era, para situaciones que realmente lo ameritaran, pues tenían asegurado este tipo de encuentros sin ayuda divina.

Sorpresivamente las cosas dieron un vuelco inesperado y sin una clara explicación de lo sucedido, el final del juego fue sorprendente para los nopaltecas e incluso para los rivales, ¡tristeza y decepción total!, Nopaltitlan 4 - Nacotzingo 9.

Perplejidad era lo que se veía en todas las caras, no acostumbradas a ese tipo de resultados.

La ceguera, la negación y la amnesia.

Al día siguiente, y aunque la derrota se sintió como un duro golpe al orgullo del pueblo, las cosas siguieron como si no hubiera pasado nada. Las festividades del maíz continuaron, y en la víspera del siguiente encuentro, el equipo se comportaba como si la derrota previa se hubiera olvidado.

"No pasa nada, fue solo mala suerte…" se decían para justificar lo sucedido; parecía que esta explicación dejaba a todo mundo tranquilo, pues no se habló más del asunto ni se intentó buscar una explicación a la lamentable derrota.

El siguiente resultado, a pesar de haber jugado con otro débil equipo, no fue muy alentador: Nopaltitlan 2 - Cuitlacochtepec 7. [1]

Esto caló hondo en todo el pueblo, ya que estos vecinos nunca habían anotado en más de tres ocasiones, y mucho menos ganado a los poderosos nopaltecas.

Si bien es cierto que durante el juego se pudieron observar algunas situaciones que pudieran considerarse como buena fortuna de los rivales, más que méritos propios, aunado a errores no habituales en el desempeño de los jugadores de Nopaltitlan, esto no cambiaba el hecho de que se había perdido de nuevo y de forma contundente.

La explicación más simple.

Como era un caso insólito, la situación despertó todo tipo de comentarios en la comunidad. Se decía que los jugadores eran flojos, que no se esforzaban tanto como los de los pueblos rivales, que los jugadores que antes conformaban el equipo se esforzaban mucho más que los actuales, los cuales no se tomaban las cosas en serio ni tenían el respeto por el estandarte y las tradiciones del pueblo.

Se enfatizaba el mal desempeño de los jugadores, utilizando ejemplos de momentos muy específicos del juego, en los que se observaba claramente, según la interpretación del observador, que tal o cual jugador no ponía todo el empeño en el cumplimiento de sus funciones. [2]

Las excusas.

El responsable pensaba que el otro equipo, humildemente, había jugado con un capitán y diez jugadores, mientras ellos, pecando de soberbia, parecían haber jugado con diez capitanes y un jugador, pues todos mandaban y nadie se esforzaba.

Los jugadores a su vez, argumentaban que la vida deportiva era muy bonita, y que no era muy estimulante saber que el ganador sería sacrificado a los dioses.

La verdad es que esta explicación del grupo, realmente provenía del comentario, que en son de broma (aunque tal vez en el fondo era lo que pensaba) uno de los jugadores hacía para sus compañeros, los cuales al ser cuestionados sobre el asunto, no teniendo una respuesta clara, tomaron esta como propia, aunque tal vez sin convencimiento.

Cuando estos comentarios llegaron a oídos del pueblo, se generó una indignación tal que los miembros del equipo tuvieron que retractarse de lo dicho, argumentando que era información tergiversada que se había filtrado, seguramente, por espías o personas de mala fe de otro equipo, con el afán de desprestigiarlos.

Hubo quien incluso se exculpó y señaló a un compañero como el originador del comentario, por cierto de manera equivocada; además de otro que, sin razón aparente, salió al frente por todo el equipo y aceptó que efectivamente el problema era falta de actitud, pero no de todos sino de él, quien últimamente se encontraba muy desmotivado y con eso, estaba él seguro, había arrastrado al resto del equipo a estas dolorosas derrotas, por lo que se ponía a disposición del cacique para que hiciera lo que considerara más conveniente por el honor y la dignidad de su pueblo.

¡Lo que falta es motivación!

La indignación popular crecía debido a los comentarios que en cascada provenían del resto de los poblados circundantes, quienes aprovechaban esta valiosa ocasión para hacer escarnio de los derrotados, pagándoles con la misma moneda, ya que en repetidas ocasiones los ufanos nopaltecas habían hecho esto con sus vecinos hasta el cansancio. Al ver todo esto, el Cacique se dispuso a intervenir y tomar medidas para no hacer más grande la herida.

Contrario a lo que pregonaba la población, el líder supuso que los jugadores no eran flojos, y mucho menos faltos de capacidad para esforzarse, sino por el contrario, los que les faltaba era motivación para seguir jugando con la gallardía y el entusiasmo que otrora los había distinguido. "Son nuestro orgullo e hijos predilectos del pueblo, bendecidos por los dioses y nuestro estandarte, por esa razón no podemos pensar mal de ellos y abandonarlos a su suerte por solo una ocasión en que fallaron, no seamos ingratos con quien tanta gloria a dado a nuestro pueblo, es este egoísmo el que ha mermado en su alma y su aliento alejándolos de la senda victoriosa…"

Para estimular a sus nobles jugadores, el Cacique decide otorgarles distintos títulos nobiliarios. Quién sino él, con la capacidad para arroparlos bajo su noble manto y hacer gala de los recursos, con que en particular ese pueblo contaba, y los cuales el cacique gustaba de exhibir cada que tenía la oportunidad.

Para terminar el proceso de elevación espiritual, el equipo todo, juntos como hermanos que eran, compartió en numerosas ocasiones el Temazcal sagrado mientras escuchaban los inspiradores pergaminos del poderoso chamán Conejo, prestigiado por el efecto positivo que sus discursos producían en todos los que, en tumultuosos grupos, asistían a sus ceremonias, donde ahuyentaba los demonios que poseían la cabeza, el alma y el corazón de las gentes, quienes con solo escucharlo se sentían aliviados de todo mal, por lo que gozaba de gran fama en la región.

El mismo efecto causó en la totalidad del equipo, quienes sin excepción manifestaban su bienestar, no dejando de elogiar al chamán y recomendarlo con cada persona que se encontraban, de la misma manera fueron entusiasmados a buscar al líder para agradecer su atinada decisión y aprovechar para asegurarle el éxito en el resto de los juegos que estaban por venir.

Después de esta euforia inicial, que duró aproximadamente tres días y tres noches, el estado anímico del grupo volvió a su estado previo, desapareciendo como por arte de magia, igual como había llegado, aquella sensación de ser los amos del mundo, al menos el mundo conocido hasta ese tiempo, no se veían desanimados; sin embargo, aquella confianza y seguridad que era tan evidente y comentada en el pueblo, subió y bajo como la espuma. [4]

Tratando de llenar el saco en lugar de remendar el agujero.

Pensando en la insuficiencia como motivo, también se duplicaron los presentes a los dioses: más incienso, copal y doncellas. "Tal vez estamos siendo tacaños, entonces cómo pretendemos los favores divinos, si no damos nada a cambio o al menos no lo suficiente", decía uno de los oficiantes mayores del templo. Aún así, la postura era expectante, ya que si los resultados favorables no se daban, quedaba el recurso de aumentar aun hasta el límite de sus posibilidades las ofrendas tradicionales y aun más, buscar nuevas formas de agradecimiento a los dioses, los cuales a veces eran caprichosos y no se satisfacían con las ofrendas que desde siempre se les había llevado.

Después de este costoso proceso que incluía motivación, estimulación e inversión, era de esperarse que, resuelto el problema, todo volviera a la normalidad y el equipo volviera como siempre a ganar. Nadie tenía dudas al respecto.

En el esperado siguiente juego, todo mundo llegó relajado, tranquilo y confiado. Para la primera mitad del juego, ya el equipo iba perdiendo por 12 tantos contra cero.

El resultado final fue de 17 a 3, las reacciones en el momento fueron de lo más diversas, desde los que lloraban amargamente, los que se quejaban de que las ofrendas no habían servido para nada, hasta los que en un arranque de furia y con la maza en la mano, fueron en contra del equipo contrario, con la intención de cortar la cabeza a quien se pusiera al frente. [5]

Tácticas de batalla: Un lugar para cada cosa y cada cosa en su lugar

Ante el caos reinante, uno de los estrategas militares con más antigüedad y experiencia, consideró que estaba faltando un liderazgo fuerte, claro y definido, por lo que se hacía necesaria, por no decir obligatoria, su intervención; señalando la falta de orden que se observaba en el equipo, propuso reestructurar la conformación del mismo como habitualmente se hacía con un pelotón antes de alguna guerra florida, es decir, según lo dictaban las estrellas la noche anterior del siguiente encuentro, por lo que el equipo quedó conformado de la siguiente manera:

1 Capitán, Caballero Águila (sobrino del Cacique),

2 asistentes del Capitán, Caballeros Jaguar (compadres del sobrino del Cacique),

3 guardianes de Tonathiu. (dos de ellos, hijos naturales del Cacique),

3 nobles Señores bendecidos por Huitzilopochtli (recomendados de la esposa del Cacique) y

1 Jugador de pelota.

Cabe mencionar que lector celestial, experto en este tipo de menesteres, siempre llevaba el resultado de sus interpretaciones al cacique antes de darlas a conocer públicamente en el templo.

Este equipo de desconocidos, con personas valiosas pero con un solo jugador real, sucumbió, aunque haciendo su mejor esfuerzo (tenemos que reconocerles) en el siguiente juego, se defendieron bien por lo que el marcador no fue muy abultado, sin embargo ni cerca estuvieron de anotar. [6]

La opinión de los que saben.

Después de tan desastrosa situación, el más vanguardista de los asesores del Cacique, con una visión diferente por haber pasado un tiempo viviendo en la región de oriente, se pronunció en contra de las antiguas costumbres y las viejas tradiciones, y en favor de utilizar todos los recursos modernos de la época; entonces propuso, formar un equipo de expertos especializados en otro tipo de áreas relacionadas directa o indirectamente con el juego o su ámbito circundante, contrario a como tradicionalmente se hacía, seleccionar un grupo con personas que habían demostrado habilidades sobresalientes para el juego de pelota.

Este sofisticado equipo, sería la envidia de todos los pueblos de la región, o al menos causaría la admiración, por ser tan diferente y, sobre todo, porque nadie entendería sus estrategias, debido a la falta de conocimiento y visión, según su promotor. El cacique quedó satisfecho con la propuesta y autorizó todos los recursos para que se conformara el siguiente grupo:

Este súper moderno equipo estaba conformado de la siguiente manera:

1 Capitán,

1 Lector de granos del cacao,

1 Maestro en códices y glifos,

1 Astrólogo,

1 Experto en ofrendas y sacrificios,

1 Artesano,

1 Constructor de pirámides,

1 Predictor de la lluvia,

1 Invocador de los dioses,

1 Ahuyentador de los malos espíritus, y también

1 Jugador de pelota

A pesar de que el oficio de algunos de estos importantes personajes, reflejó avances significativos en el desempeño del grupo, no fué suficiente para ganar, sin considerar el malestar que generó el hecho de que había algunos de estos invitados que definitivamente no tenían nada que hacer por ahí, el cambio no resulto el necesario y el marcador siguió siendo adverso, en esta ocasión de 8 a 0.

"¡Nos han abandonado los dioses!" Era la certeza de los moradores de Nopaltitlan y cabe decir que el resto de lo pueblos consideraban lo anterior como una fuerte posibilidad, seguramente debido a la actitud orgullosa que siempre mostraron o tal vez a un maleficio de orden superior e inexplicable. [7]

La siguiente medida... ¡A cortar cabezas!

Como el único jugador que quedaba en el equipo era flojo y no le tenía amor al taparrabos, se sugiere sacrificarlo a los dioses del inframundo, puesto que muestra una actitud inadecuada.

Para remplazar esta sensible baja en un puesto clave, y a su vez, evitarse problemas innecesarios en entrenar un jugador que fuera tan bueno como el que acababan de desechar, se busca un sustituto en un pueblo lejano.

Para tal tarea se hecha mano de mensajeros que por causa de su tarea, conocían cada palmo de la región, encontrando por fin uno de ellos, a un joven que según le dijeron en su pueblo, era reconocido como el mejor jugador de pelota, por lo que, con esa referencia es presentado con el cacique, quien sin dudar lo aceptó, claro está, con esos antecedentes sería la solución para recuperar la buena actitud que le faltaba al anterior jugador. [8]

Sin miedo a cambiar...

Para complicar más la situación, cayó en manos del cacique un códice llamado: *"Quién se ha llevado mi Quetzalcóatl"*

Apenas terminó de leerlo exclamó eufórico: *"¡Tenemos que perder el miedo a cambiar!, imitar a los ratones que cambian de lugar cuando ya no hay maíz donde antes lo encontraban"*

Aquellos pergaminos impactaron tanto al gran Señor, que incluso pidió a sus escribanos que dejaran todo lo que estaban haciendo y se dedicaran por completo a reproducir copias del documento y lo hicieran llegar a toda persona del pueblo, de cierto linaje claro está, pues la gente simple seguramente no seria capaz de entender toda la riqueza de su contenido.

A causa del efecto de iluminación que le produjo el códice, el cacique tomó una nueva actitud en su vida y por supuesto la aplicó al gravísimo problema que tenía con el juego de pelota. *"Cuando las cosas ya no resultan como antes, tenemos que cambiar"*, repetía cada que tenía oportunidad; aunque la ocasión no lo ameritara y el tema del momento fuera totalmente distinto, él solemnemente se erguía y con voz grave mencionaba, mientras entornaba los ojos, *"cuando las cosas ya no resultan como antes, tenemos que cambiar"*, lógicamente nadie lo contradecía, mucho menos le señalaba que el comentario en no pocas ocasiones estaba fuera de lugar, por lo que con una sonrisa forzada, asentían con la cabeza y levantaban la copa junto con la de él, había quien incluso aplaudía vehementemente, tal vez por convencimiento, tal vez por conveniencia. Este ultimo hecho reforzaba la certeza del líder, pues no eran impresiones de él solito, el códice, que obligatoriamente se leía en el pueblo e incluso se discutía por las noches en templos, escuelas y casas, causaba un efecto transformador con solo leerlo una vez, por supuesto, si entendías su contenido, por lo que para alentar esta buena práctica existían versiones cortas e ilustradas del códice, aparecieron expertos en el códice, los cuales prestaban sus servicios, yendo de barrio en barrio para platicar con las personas y explicarles los secretos de esta valiosísima herramienta.[9]

El equipo invencible.

Guiado por esta nueva manera de pensar, el cacique promueve una campaña de renovación que llega a todos los niveles de la vida de Nopaltitlan; fueron modificados los aspectos más esenciales de la vida económica, política, cultural y religiosa, siendo alcanzado por supuesto todo lo relacionado con el equipo de pelota, realizó inclusive propuestas para modificar el juego, de un ritual con fines religiosos a una competencia deportiva, sin sacrificios a los dioses ni nada por el estilo, lo que fue rechazado contundentemente por la mayoría de los pueblos, aunque algunos contemplaban la idea con agrado, pero eso es motivo de otra diferente historia.[10]

Es entonces que toma una decisión tajante: se deshizo de todo el equipo, incluido su sobrino, y decide formar uno nuevo. Por lo que sus cazadores de cabezas se dieron a la tarea de buscar a los mejores jugadores de pelota de la región, convirtiéndolos en hijos adoptivos de Nopaltitlan por medio de atractivos beneficios en especie y en poder, siendo así como nace *El Citlalli Tim.*

Aunque muchos miraban perplejos esta vertiginosa transformación, al final del proceso todo mundo estaba convencido de cuál sería el resultado. ¡Imposible perder con este equipo! [11]

Si a otro le funcionó, ¿Por qué a mí no?

Como si esto fuera poco, el cacique había mandado observadores que recopilaban con sumo detalle, en extensos pergaminos, las costumbres en el juego de pelota de los pueblos de la península. De esta forma, el triunfo estaba asegurado en el último ceremonial de las festividades del maíz, el cual serviría para lavar la honra del pueblo.

El principio era muy simple, ¡robar sus secretos!, no podrías fallar si ibas a las raíces del éxito de los rivales, por lo que una parte importante del entrenamiento era imitar las practicas que les daban el triunfo a los otros equipos.

Fue entonces que el equipo local, famoso por hacer pasar la bola de caucho a través del aro de piedra utilizando la cabeza y las rodillas, empezó a utilizar la cadera y los codos con gran dificultad para tal objetivo.

Los nopaltecas tradicionalmente eran seleccionados desde niños para ser jugadores de pelota, tomando en consideración desde sus condiciones anatómicas, tan era así que, en general a los oriundos de Nopaltitlan se les conocía como "cabezones", fueran jugadores o no, o como a ellos les gustaba llamarse "los de la cabeza prodigiosa".

Todos los niños, aspiraban a ser jugadores de pelota por obvias razones, aseguraban su vida material y espiritual y llevarían honor a su familia, por lo que era común verlos por todos lados con una pequeña pelota de caucho o cualquier otro material, golpeándola con cabeza y rodillas contra una pared con círculos de diferentes tamaños y a diferentes alturas ante la mirada orgullosa de sus padres, los cuales, siempre vigilantes y esperanzados de que su hijo resultara un superdotado de la pelota, daban todo el tipo de consejos, " te he dicho mil veces que no dobles la rodilla así", "alza el cuello para darle dirección…", no dejaban de presumir con otros padres los avances de sus futuros guerreros del Juego de Pelota e incluso no faltaba el que se pasaba mencionando a sus hijos, por las noches después de la cena, sus glorias pasadas, "hijos míos, yo no tuve la suerte que ustedes pueden tener ahora si practican con ahínco, yo me lastimé la rodilla en una cacería…" decían unos, "si no fuera por que eligieron a un hijo del sacerdote del templo mayor en lugar mío, mi nombre estaría en los pergaminos de las glorias de nuestro pueblo…tenía una rodilla izquierda bendecida por los dioses", decían otros.

El caso es que los especialistas en rodilla y cabeza se las vieron negras para adoptar otro tipo de prácticas distintas a las que ellos conocían.

Los observadores trajeron otro tipo de secretos rivales, cuya utilidad nadie pudo descifrar, sin embargo se adoptaron sin chistar, ya que seguramente eran tan secretos y misteriosos que en eso radicaba su poder.

Por lo anterior, todo el equipo, antes del juego, realizó el ritual de lavarse el pelo con sábila y hierbabuena, se pintó cara, pecho y espalda de negro, rojo y amarillo, colores y áreas que distintos rivales utilizaban por secretas razones, ataron en sus muñecas y tobillos tiras de cuero con diferentes objetos, cascabeles, piedras, éstas muy molestas al chocar la pelota, y distintos tipos de granos; en este caso los observadores tenían muy claro la razón de ser de esta práctica, ahuyentar los malos espíritus con el sonido de los granos y los cascabeles, y recordar el dolor del sacrificio y el esfuerzo necesario para ser victoriosos.[12]

Así pasa con los hombres trabajando juntos.

Contra toda lógica, el trabuco formado por Nopaltitlan, aún y con todas las adaptaciones y cambios realizados, apenas si pudo empatar a 6 tantos con Petatácuaro, un equipo de mediana categoría. Aquel grupo de águilas, tigres, jaguares y otros nobles caballeros, en los que se había invertido tanto, llegaron a considerarse cada uno superior al otro, y nunca pudieron cooperar ni ponerse de acuerdo; distraídos en ejecutar correctamente las nuevas prácticas que les habían recién recomendado.

Preocupados por hacer cada quien lo que sin duda sabían hacer muy bien, pensaron tal vez, ser cada uno el mesías que salvaría al grupo de la ignominia, para pasar de forma individual a la historia, al devolver un poquito de la gloria perdida.

Las festividades del maíz más tristes jamás vividas por los nopaltecas habían terminado, *¡gracias al sol, la luna, la tierra, la lluvia y el resto de los dioses!*

Pidiendo consejo: aprendiendo de nuestros errores.

Después de todos estos tropiezos, consecuencia de una larga lista de situaciones como lo fueron:

- La vanidad del Cacique,
- La presión de la comunidad,
- El consejo de los asesores,
- La desesperación ante la caótica situación,
- La comodidad y la falta de una observación detenida,
- Imitar otras formas de proceder - nuevas pero ajenas-
- Aferrarse a las propias pero obsoletas y rígidas, parciales, distorsionadas o apegadas a una creencia particular;

El noble cacique, sus asesores, los responsables del equipo de pelota y los jugadores, fueron a buscar ayuda al concejo de ancianos.

Tras escuchar pacientemente todas las vicisitudes sufridas, los remedios utilizados y las infructuosas medidas tomadas sin resultado alguno, uno de los ancianos tomó la palabra.

LAS VERDADES DEL ANCIANO

Todos los grupos de personas son iguales..., todos son diferentes.

"El río que ves es el mismo pero nunca te bañarás en él con las mismas aguas".

"Yo nunca he visto un juego de pelota por que estoy ciego desde el nacimiento, pero a lo largo de mi vida he conocido a muchos hombres y mujeres, solos, en parejas, en familias y en grupos, de cazadores, cultivadores, artesanos, artistas, guerreros y hasta jugadores como ustedes, y les puedo asegurar que todos los hombres y mujeres son tan iguales, y tan distintos, a la vez." [13]

Los hombres nacen y viven juntos.

"Por eso, cuando me cuentan su pena en el juego de pelota, veo en mi corazón a todos aquellos que han pasado por aquí pidiendo consejo. Agrupados alrededor de una necesidad, un bien común o una vicisitud, siento sus manos tensas, imagino sus rostros afligidos, escucho sus risas y su llanto, cantando, riendo o sufriendo juntos, y juntos buscando una solución a sus dificultades. Siempre juntos, irremediablemente juntos. Así es la vida de los hombres y las mujeres desde antes, desde siempre".

"Para entender a un hombre, tendrás que ver también lo que le rodea; sus penas y alegrías, sus triunfos y fracasos, lo que quiere y lo que odia, y que no se te olvide incluir además, tu mirada, los ojos con que lo miras empañan o aclaran tu discernimiento". [14]

Cuando las cosas andan mal...

"Empezamos mal, y las cosas se pusieron peor cada vez. Nada funcionó"; Habló el cacique.

"Si caes hasta el fondo del río, es cierto que la arena que levantaste te impedirá ver con claridad, pero si en tu desesperación manoteas para ver mejor, seguramente en lugar de aclarar el agua sólo la enturbias más, sería mejor quedarse quieto, la arena se asentará nuevamente tarde o temprano".[15]

Todos somos parte de un todo.

"¿Por qué perdimos, si quitamos a los malos jugadores?" Preguntó el maestro de pelota.

"Arrancaste lo que pensabas era el grano podrido, sin ver que todos ustedes son parte importante de un todo mayor, desecharías una mazorca por ese grano podrido o igualmente porque le falten granos" y señalando hacia el norte, agrego: "y sin esa pequeña piedra que sostiene a otras tal vez mayores, la pirámide se viene abajo. Si tan sólo faltara algo tan simple como el incienso, la ceremonia no estaría completa, nuestras plegarias no se alzarían a los cielos".[16]

34

La vida en grupo es como un cerro con cumbres y cañadas.

"¡Pero era imposible perder con los mejores jugadores de la región juntos!", dijo uno de los asesores.

"Por el simple hecho de estar juntos, algunas veces, esos grandes señores que merecen todo mi respeto y admiración, serán como niños caprichosos; en otras como animales, pelearán a muerte o saldrán huyendo, y en algunas más, se sentirán todopoderosos como los dioses".

"Todos tropezarán alguna vez para volverse a levantar y cumplir con su destino".

"Todo tiene ciclos: la cosecha, la lluvia, las plagas, el invierno y la primavera, Desde siempre el sol se pone en el ocaso para volver al amanecer",

"Por eso te digo que no vale la pena desperdiciar tu vida tratando de moldearlos perfectamente, como idolillos de barro". [17]

Lo que no se ve.

"Pero, ¿cómo es posible que no nos percatáramos que las cosas andaban mal, hasta que ya era demasiado tarde?", decía un jugador a otro.

"El que tú no puedas ver la mancha de fango en tu espalda, no significa que no exista."

"A la distancia se aprecia mejor la inmensidad de la montaña, sus cumbres y sus valles, solo serán una mancha verde cuando estás demasiado cerca."(18)

"La mala hierba se debe arrancar de raíz, desde que vemos el primer brote, pequeño e inofensivo."

El Estandarte.

"Nuestro capitán es el más fuerte, el más valiente, el más querido por todos, era el indicado para guiarnos a la victoria".

"Más no siempre es mejor…" mencionó escuetamente el anciano. [19]

Cada pueblo es como es.

"Estamos aquí porque queremos ser como ellos, como los que sí ganan", intervino uno de los jugadores.

"¡Pongan atención en lo que les voy a decir!", levantó la voz el anciano; "Se desgastaron en imitar a los otros y en buscar la perfección, mas no existen grupos ni familias, ni hombres ni mujeres, buenos o malos, sólo son diferentes como los dioses".

"Lo bueno para tu vecino no siempre es lo bueno para ti, porque un venado no es un jaguar, ni una águila, ni un cenzontle, es un venado." [20]

El pasado glorioso.

"¡Nuestra manera de jugar siempre fue la más bonita, la más vistosa!", decía entre orgulloso y perplejo un jugador.

"Por muy hermoso que sea el jade, si se queda estático se llena de polvo, si refleja siempre el mismo brillo pierde su encanto, si no puede cambiar constantemente, termina siendo sólo una simple piedra." [21]

RESPUESTAS Y CONSEJOS.

Siempre atentos.

"Estábamos tan bien, y de pronto sucedió esto como si fuera hechicería", decía uno de los sacerdotes expertos.

Fue hasta entonces que el anciano comenzó a hacer comentarios a manera de consejos ante las exclamaciones del grupo.

- "El aguacero que arruina nuestro cultivo, empieza por unas cuantas gotas."

-"Lo que el oído se niega escuchar a la luz del día como un susurro, más temprano que tarde, lo escuchará como gritos de lamento al amparo de la noche."

-"La piedra que nos hace tropezar, estaba en el camino desde antes de que llegáramos a él."

-"Pero los pueblos tienen mala memoria." [22]

Nuestra historia influye en el cambio o estancamiento.

El sacerdote guardián de la cultura del pueblo intervino diciendo, "Pero no podemos cambiar todas nuestras costumbres".

A lo que respondió el anciano tranquilamente, -"cada cual es dueño de su historia y tiene derecho a atenerse a ella, pero también de volver a construirla. Hasta lo que está escrito en las pirámides se puede cambiar". [23]

Cómo nos elegimos en el equipo.

"Yo mismo los seleccioné Señor, como lo hago con los guerreros", se disculpaba el principal consejero del cacique.

"Tal vez no puedas elegir a tus padres, hermanos o hijos, pero nadie te obligará a elegir a tus compañeros." [24]

La forma de mirar las cosas.

"No fue hechicería, fue falta de valor de los jugadores" decían unos, "fue falta de práctica", decían otros, "pereza", "más sacrificio a los dioses", "orgullo", "eso es lo que debemos cambiar" decían otros más…

"Todos tienen razón, y después de mí, alguien más dirá que hay una verdad histórica y una verdad poética."

"La verdad se construye y reconstruye a cada momento."

"El agua es la misma, lo que cambia es su forma dependiendo de la vasija." [25]

La falta de creatividad.

"¿Qué podemos hacer?, ya probamos muchas cosas y nada resultó."

"Para comenzar, no podemos bailar la nueva danza con la misma música, hasta las espigas se mueven dependiendo del rumbo del viento." [26]

El Encuentro entre las personas.

"¿Y cómo entendernos si somos tan diferentes?"

"Finalmente, todos somos hijos e hijas de los mismos dioses, e iremos al mismo cielo, sin tocados de plumas, sin escudos, sin joyas y sin títulos. Por eso sabrás que todos son tus hermanos y hermanas: cuando se miren a los ojos, sentados frente a frente y al ras del suelo, su hombro será tuyo para consolarte, y tu risa suya para la fiesta." [27]

Fin de la historia.

"Espero hayas entendido algo de lo que te quise decir con este cuento, hijo".

"La verdad abuelo, no te entendí nada, pero la tristeza por haber perdido ya se me pasó."

El anciano, no pretendía cambiar la manera de pensar del muchacho con una simple historia. Eso sería hasta contradictorio con lo que le había estado "aconsejando"; sin embargo, al viejo le gustaba quedarse con la sensación de que siempre habrá una esperanza para un futuro mejor.

Fin.

Notas

0. El Juego de Pelota

Tlachtli en náhuatl, pokyab o pok-ta-pok en maya y taladzi en zapoteca, era una actividad sagrada que se jugaba para conocer el designio de los dioses, en ocasiones con un sentido de ordalía.

Los españoles lo prohibieron porque juzgaron que era propicio para la adoración de las deidades indígenas.

Los mayas concebían al juego de pelota como un ritual. El juego de pelota representa los orígenes del universo y pretende reactivar los mitos de la creación del maíz y otros fenómenos astronómicos. Éste es un rito de iniciación, muerte y renacimiento que legitima la acción militar y el poder político. La lucha (de jugadores, astros o la pelota) puede representar el encuentro entre los gemelos (del Popol Vuh) y los dioses del inframundo. Este juego tuvo diversas variantes según la época y el lugar, por general se utilizaba una pelota hecha de caucho que se golpeaba con la cintura, las rodillas, los hombros y los codos.

El objetivo del juego era hacerlo pasar por un delgado anillo que se colocaba en una de las paredes del campo de juego. Aun en la actualidad es practicado en Guatemala en su forma ritual y en México en una nueva forma de expresión turística o puramente deportiva.

En otros lugares, donde los campos de este juego carecen de anillos-marcadores, se cree que el ganador se decidía por el equipo o jugador que ganara líneas en la cancha hasta acorralar al adversario (como en el fútbol americano).

El número de jugadores variaba y en ocasiones los jugadores usaban "raquetas" o bastones. Se protegían el pecho y la cabeza, evitando los fuertes golpes de la pelota. El juego podía durar día y noche y no hay fuentes históricas donde se hable del sacrificio humano o donde el derrotado era decapitado.

Algunos historiadores estiman que el jugador que perdía la vida era, en realidad, un prisionero de guerra, obligado a jugar por los victoriosos. Este jugador-prisionero de guerra, débil, cansado y con heridas, perdía el juego, era sacrificado y formaba parte de un rito de fertilidad pues iba a un paraíso. No siempre este juego terminaba con sacrificios humanos, pues se hacía apuestas y lo perdido era sólo lo apostado (según fuentes históricas aztecas). En algunos campos mayas de Guatemala y Honduras el jugador que vencía perseguía a los asistentes ya que por regla tenía derecho de despojarlos de las pertenencias que más le gustaran.

Además de sus funciones religiosas, los deportes se practicaban para preparar físicamente a la juventud. Con el constante entrenamiento y los fuertes ejercicios físicos se le dotaba de las condiciones necesarias para tener mayor éxito en la guerra. Los diferentes juegos se practicaron como tributo y deleite de los dioses; pero al mismo tiempo eran verdaderos espectáculos para el pueblo, que presenciaba los encuentros con gran pasión y muy frecuentemente hacía apuestas en favor de sus jugadores favoritos. Existía el espíritu de competencia y se seleccionaba a los mejores para justas individuales o colectivas. En el mundo náhuatl se organizaban competencias deportivas entre jugadores representantes de diferentes ciudades o pueblos. En estas distintas actividades existió cierta idea de profesionalismo.

I

Las Formas De Afrontamiento Ante Los Problemas.

La resistencia inicial.

1.- Una reacción, tanto grupal como individual, habitual ante una situación no agradable, es tomar una actitud llamada de negación, la cual, como otros mecanismos de defensa psicológicos, tienen por objeto evitarle al individuo, o en este caso al grupo, percibir una realidad que le resultaría angustiante de ser aceptada como tal.

Este tipo de respuesta grupal trae como consecuencia la dificultad para ver un problema desde sus inicios y no solo se evita el actuar de manera temprana, sino que, por lo contrario el grupo no registra dentro de su memoria colectiva la situación desagradable o dolorosa, aumentando la propensión a ser victimas de los mismos errores, hasta el punto donde estos tienen consecuencias de una magnitud tal que es prácticamente inevitable negar su presencia. Dependiendo de la madurez del grupo y de sus experiencias previas, dependerá el umbral de tolerancia que un grupo tenga para soportar vicisitudes antes de reaccionar positivamente ante ellas.

2.- Una vez que el grupo ha aceptado que tiene un problema, comenzará a realizar hipótesis para explicar la situación que se esta viviendo, frecuentemente orientándolas hacia la búsqueda de factores causantes o responsables de la problemática.

Un recurso bastante socorrido es el simplificar la situación a través de reducir a una sola causa originaria del problema, para después focalizarla sobre algo o alguien.

Las excusas.

3.- Además de simplificar la causa de la problemática en una situación monofactorial, es frecuente que la explicación de ésta, conlleve una justificativa que exculpa de responsabilidad a quien la expone y la coloca en los otros; puede observarse también, en el otro extremo, una postura que podríamos llamar de *mártir*, donde algún elemento del grupo insiste en absorber toda la culpa del desempeño colectivo, en una actitud que pudiéramos describir como mezcla de masoquismo y omnipotencia, ya que es difícil concebir que una sola persona sea la causa de todo, aunque este todo sea un problema.

La actitud de madurez deseable sería que el grupo evite el concepto de culpa y asuma la responsabilidad de manera conjunta y que cada elemento reflexione sobre su participación y desempeño para que los resultados se estén dando de esa cierta manera.

Cuando se enarbola el concepto de culpa como forma de afrontamiento, no se está pretendiendo mejorar el desempeño ni reducir las áreas de oportunidad, sino procurando la tranquilidad moral, donde a final de cuentas se desarrollará una conciencia grupal "donde no importa que las cosas no funcionen mientras yo no tenga la culpa", en lugar de ser parte de un grupo donde "si cometo una equivocación, no seré juzgado sino apoyado por el grupo para minimizar sus consecuencias y evitar que la vuelva a cometer".

Cuando los equipos de trabajo se tornan muy inquisitivos, los miembros desean que sus compañeros sean los que estén cometiendo los errores sin importar las consecuencias para el crecimiento del proyecto grupal y tienden a buscar minuciosamente y a señalar con lupa los que parecieran ser errores del de enfrente.

En el último de los casos, el "culpable del problema" se conformará con pagar por su falta o en casos extremos el grupo cobrará la pena máxima expulsándolo; en ninguno de los dos casos, como resulta obvio, se preocuparán por investigar si realmente esa es la solución del problema, es decir "ya saldé mi deuda con el grupo, ya no tengo que preocuparme por mejorar como persona", o "ya eliminamos el problema" en otras palabras "muerto el perro se acabó la rabia".

II

La Capacidad Para Resolver Problemas.

La primera medida: El aspecto motivacional.

4.- Una de las primeras medidas que podríamos llamar "suaves", ya que no pretende ningún cambio radical, es la motivación psicológica, la cual pretende que, independientemente del origen y la gravedad del problema y el grado de impacto de las consecuencias, el que la persona tenga, de alguna manera, un estimulo positivo o motivo para "hacer las cosas", va a resolver la problemática grupal.

El efecto de tónico vigorizante que estimula y da fuerzas independientemente de la gravedad de la enfermedad, que se pretende con la motivación psicológica, se coloca en la parte más superficial del problema y por lo mismo su efecto es transitorio.

Frecuentemente existe un error conceptual en el uso de la motivación, del tipo que esta sea, ya que en nuestra opinión, este recurso debe ser usado para dar impulso o mantener el ritmo de trabajo de un grupo y no para sacarlo de sus problemas.

La impresión que los elementos de un equipo llegan a tener con respecto a la motivación es muy variable y aunque pocos la consideran inútil o sin valor, la verdad es que se aplica sin un criterio definido para su uso, sobre todo cuando estamos hablando de que una herramienta cuya efectividad se basa en el efecto subjetivo que cada uno recibe según sus convicciones y creencias con respecto a la misma, es decir solo te sirve si estás dispuesto a creer.

Tratando de llenar el saco en lugar de remendar el agujero.

5.- La utilización de más recursos, materiales o humanos no siempre solucionarán el mal funcionamiento, sin embargo la creencia de que más gente, más equipo, más tiempo, más ganas, etc., son la solución, proviene de cierto pensamiento lógico que no contempla que ¡no siempre, más es mejor!, ni considera las consecuencias del desgaste de los recursos, el problema de manejo de más elementos, humanos, materiales, financieros o de otro tipo, cuando justamente los que se tienen no están siendo bien administrados.

Una de las consecuencias comunes de la postura del incremento, es además de la "bancarrota" en algunos casos, la rápida desilusión del grupo y la sensación de desahucio una vez que se utilizaron y agotaron todos los recursos para solucionar los problemas del grupo.

Planeación estratégica: Un lugar para cada cosa y cada cosa en su lugar.

6.- Propuestas y recomendaciones basadas en falacias lógicas, argumentos que en apariencia resultan a todas luces lógicos y coherentes, son frecuentemente utilizados como soluciones por la desesperación del grupo que las acepta, en muchas ocasiones estas lógicas proposiciones son aprovechadas o manipuladas a la conveniencia de alguien.

La desesperación y el caos aparente, perder la calma, invita a las intervenciones de elementos ajenos al grupo, con otro tipo de "expertise", que con ánimos de salvador y héroe, interviene sin conocimiento del proceso ni el grupo, pero con una solución propia de su ámbito y adaptada a este, También se justifican medidas rígidas, radicales o extremas (en costo o cambio de dirección), "pero necesarias", por la situación y la "falta de liderazgo"

III

La Opinión De Los Expertos.

El equipo súper moderno.

7.- La tecnocracia y el modernismo extremo, desechan las tradiciones del grupo, pues parecen ideológicamente opuestas a la postura de vanguardia, que, aunque aporta avances necesarios para el crecimiento grupal, la falta de respeto a la idiosincrasia y la cultura institucional hace que no se tomen en consideración valiosos elementos fundamentales en la estructura de todo grupo y que se han ido constituyendo con el paso de cierta cantidad de tiempo, por lo que al quedar abolida esa parte estructural básica, los nuevos aportes no tienen el recipiente donde ser contenidos, hasta que sea creada una nueva forma sustituyente de la anterior, lo cual forzosamente requerirá de un proceso temporal, por lo que se deberá tener esto en consideración cuando se implementan cambios radicales en un grupo de trabajo.

Aunque deseable en otros aspectos, no siempre será un recurso válido, para mejorar el funcionamiento grupal, buscar o convertir en súper especialistas a todos y cada uno de los elementos del equipo de trabajo para garantizar el éxito, puesto que en el sentido relacional esto aleja a los elementos unos de otros.

Cada cierto tiempo aparecen modas de vanguardia, que prometen la panacea que cura todos los males institucionales, utilizando el mejor recurso de mercadeo, ofrecer certezas y garantizar al cien por ciento el éxito del método en cuestión a quien adquiere estos recursos como un producto o servicio sin riesgo de error.

Es a través de alguna o algunas personas "creyentes", que estas metodologías de punta se hacen presentes en un grupo de trabajo, ya que este puede tener el poder de convencimiento necesario para influir en la persona que toma las decisiones en un grupo o institución, además de darse un fenómeno de "en tierra de ciegos el tuerto es rey", pues al estar mayormente empapado del equis tema en cuestión, nadie podría cuestionarlo o contradecirlo y una gran parte del grupo estará de acuerdo a "ciegas" con el nuevo conocimiento.

La siguiente medida… ¡A cortar cabezas! La sustitución y el recurso externo.

8.- Una medida típica para la resolución de problemas en un equipo de trabajo, es el ancestral recurso de eliminar al elemento que se supone es el causante de todo el problema del equipo.

Algunas consideraciones al respecto son las siguientes:

Este tipo de procedimiento muestra claramente y sin lugar a dudas la postura del grupo y/o su líder con respecto a la causa del problema de todo el equipo.

Además de ser la más reduccionista y simplona de las medidas de solución, es una muestra clara de la intolerancia que puede existir dentro de una institución, la cual al más puro estilo de la reina de corazones de "Alicia en el país de las maravillas", genera la mayoría de las veces una presión en el sentido negativo, ya que después de echar fuera a un elemento del equipo, invariablemente aparece la fantasía de persecución de "quién será el siguiente".

Cambiar una pieza por otra, cuando toda la maquinaria está funcionando mal, solo traerá un efecto de lastre que el nuevo elemento generará, independientemente de la calidad y excelencia del mismo, hasta recorrer su propia curva de aprendizaje y proceso de adaptación, por lo que vale la pena contemplar siempre la posibilidad de trabajar de manera individual para desarrollar al individuo señalado como mal elemento, en lugar de sustituirlo, todo esto en el remoto caso de que efectivamente sea el único causante de toda la problemática grupal.

Lo que habitualmente sucede es que se elimine a este elemento desaprovechando la oportunidad que la situación crítica nos da para mejorar, al poner en evidencia nuestras fallas individuales y colectivas, en lugar de caer en el fenómeno grupal del "chivo expiatorio", el cual involucra por un lado la necesidad masoquista o autoderrotista de algún elemento que asume la culpabilidad que el grupo le otorga y por otro, o la actitud tiránica de un líder que aprovecha la coyuntura para hacer desplante de su autoridad y poderío, aunque a su vez está evidenciando su incompetencia para manejar la situación o una actitud canibalística de los compañeros que se comen unos a otros, empezando por el miembro más debilitado en ese momento, con tal de sobrevivir dentro del equipo.

Sin miedo a cambiar, El cambio sin fundamento.

9.- Aunque el principio de credulidad es semejante, existe una diferencia cualitativa, como mencionamos antes, entre el convencido de algún tipo de tecnología, método o procedimiento y el creyente de una idea o filosofía, frecuentemente adquirida, no de una formación, estudio o entrenamiento formal, sino de herramientas tan cuestionables como un libro no especializado, sino dirigido a el publico en general y que se encuentra en cualquier quiosco de revistas y cuyos contenidos no son validados por ningún organismo que le dé seriedad y veracidad científica, como para proponerlas como ciertas.

Más frecuente de lo que desearíamos, encontramos "best sellers" y conferencias, que sin mucho rigor ético, enfatizan verdades absolutas, obviamente a manera de recomendaciones para quien lo está recibiendo, no siendo la intención de compartir las experiencias, sino inducir una forma de pensar, que en muchas ocasiones influye de manera contundente en quien recibe el mensaje.

Pocas veces hacemos esta sencilla pregunta, ¿cómo podemos verificar que lo que dices, realmente es eso y no otra cosa?, hablando de recomendaciones para el buen funcionamiento grupal o resolución de los problemas en los equipos de trabajo, ¿existe algún tipo de investigación con metodología científica seria, que valide que tal o cual procedimiento, efectivamente da esos resultados de manera sostenible y repetible y, en caso de que así sea, que los resultados sean consecuencia del procedimiento y no de otros factores?. Lo más frecuente es que se base la credibilidad de lo que se dice en el prestigio de quien lo dice, y aún así con un sesgo importante, porque aunque nuestro escritor o conferencista sea una persona, como habitualmente pasa, con un gran éxito comprobado en su desempeño particular, eso no es garantía de que pueda salir por el mundo dando conferencias que arreglaran la vida de todo aquel que lo escuche o lo lea; Un excelente ingeniero puede no ser el mejor para darle recomendaciones o enseñar a otro, en oposición a esto un excelente maestro de ingeniería, podría ser un pésimo elemento en el campo de trabajo.

La ética en este aspecto es sumamente importante, el mejor ejemplo popular lo podríamos encontrar en el campo de la salud y la medicina, donde los profesionales de la salud no deben ofertar ningún tipo de procedimiento que no esté científicamente comprobado, aun que esto vaya en detrimento de su éxito profesional.

En esa misma línea, con una ética muy laxa, se propone modelos de pensamiento, que son vendidos casi como dogmas de fe, que además para hacerse más accesibles comercialmente, se simplifican quitándoles las variables, las dudas razonables, lo cual no estimula el pensamiento critico, desafortunadamente a favor del proponente.

Es impresionante cómo la creencia en una sola idea puede influir en la manera que se abordan los problemas en el funcionamiento y la construcción de los equipos de trabajo.

El equipo invencible, la formación de súper equipos.

10.- Es importante detectar cuando estamos cayendo en un periodo de euforia del cambio por el cambio y no por la mejora, el pensamiento fantasioso de que al cambiar todo, todo será mejor, si cambio las cosas que estaban provocando el mal, en automático mejorarán los resultados.

Cambiar no es sinónimo de mejorar, sino uno de los caminos para ello, por lo que los cambios se deben realizar idealmente, con precisión quirúrgica, para no cortar tejido sano; En situaciones extremas, los cambios causarán más daño colateral que beneficio, por lo que la recomendación sería dejar las cosas como están, sobre todo cuando los elementos identificados sean improductivos pero no nocivos. Imaginemos que tenemos un pastel con pasas y quisiéramos quitárselas por que le cambia el sabor o el aspecto o por que son de mala calidad y las cambiaremos por otras mejores, ¿Cómo quedará el pastel, si es que todavía existe, cuando terminemos el procedimiento?

11.- Otra consecuencia de la euforia del cambio por el cambio, es el efecto de péndulo que se da en un grupo que ha estado en el extremo de no cambiar nada y pasa de manera súbita a cambiar todo después de que el líder, en un momento de iluminación, entiende todo de manera diferente y no es capaz de tener paciencia para dar un tiempo adecuado para asimilar los cambios, sobre todo cuando son drástico y totales.

Si a otro le funciono, ¿Por qué a mi no?, El uso de las experiencias de éxito.

12.- Copiar las experiencias de éxito de otro grupo no es en sí mismo una mala práctica y sí puede ser lo contrario; si bien es cierto que no todo el conocimiento y la experiencia tiene que provenir del mismo grupo, todo material externo debe ser analizado con cuidado para poder tomar lo que mejor se adapte a nuestra realidad particular, por lo que es fundamental tomar en consideración el respeto a la cultura grupal, ya que frecuentemente se quiere forzar la aplicación de un modelo de trabajo que funcionó en otro lado, insistiendo en que dicho modelo no funciona en nuestro grupo, precisamente por la mala actitud hacia el cambio.

Existen estrategias que han sido inútiles allá y serán igualmente inútiles aquí, sin embargo se copian solo porque el otro las hace y quien observa el modelo no distingue finamente este factor, adoptando el modelo en paquete, provocando en los elementos del grupo prácticas que les resultan incomodas, ajenas y les parecen incluso absurdas.

IV

Fenómenos Grupales, Las Verdades Del Anciano.

Todos los grupos humanos son iguales..., todos son diferentes.

13.- Una adecuada observación de los grupos humanos incluye un equilibrio entre el entendimiento de los fenómenos universales, inherentes a todo grupo humano, y el reconocimiento de la idiosincrasia y cultura grupal particular, su historia y formación, su código de valores, sus aspiraciones y metas. Lo que es bien visto en un grupo, no lo es en otro. Los problemas se viven de forma diferente en cada uno de ellos, por eso la solución que se les dio en uno, no siempre funcionará en el otro.

El observador debe analizarlo, no sólo con su intelecto, sino utilizando sus sentimientos como herramienta diagnóstica. En otras palabras, no sólo lo que se piense del grupo, sino recurrir también a toda la gama de emociones que invariablemente se despiertan al estar en él, y que frecuentemente no son tomadas en consideración.

El hombre nace y vive en grupo.

14.- Nuestro entendimiento del funcionamiento de una persona dentro de un equipo de trabajo será siempre parcial, sino consideramos por lo menos las siguientes tres circunstancias:

La primera, el individuo no se encuentra en un estado de "suspensión existencial", como flotando en la nada y si por el contrario, siempre inmerso en un ámbito o entorno del que recibe influencia e influye siempre y de manera inevitable, además de tomar en cuenta que dicho entorno e individuo están pasando por ciertas circunstancias que en muchas ocasiones son condicionantes del proceder del individuo, por lo que el análisis se vuelve obviamente más complejo que el solo hecho de considerar las motivaciones psicológicas de una persona.

El segundo aspecto a considerar y para complicarnos más las cosas, está relacionado con el principio de incertidumbre (relación de indeterminación de Heisenberg) que en términos simples nos obliga a cuestionar nuestras observaciones y agregar la importante variable de preguntarnos constantemente dos cosas, ¿si lo que creemos estar observando y concluyendo, es realmente eso u otra cosa? y ¿en que medida mi interpretación del fenómeno esta influida por "mis propias cosas", *sesgo del observador?*, es decir incluirnos como parte del fenómeno observado y no como quien observa a los demás como pececitos en la pecera, esto cobra especial importancia cuando el observador lleva una estrecha relación con el observado, como sucede justamente en los equipos de trabajo.

La tercera consideración esta relacionada con la temporalidad, ya que debido a la dinámica grupal, una observación valida en un momento puede no serlo en otro, lo que influye no solo en la semántica,("este es un equipo con un mal funcionamiento" versus "este equipo actualmente esta mostrando sin duda, un mal funcionamiento"), sino en la auto imagen que el grupo tiene de si mismo, la que trasmite al exterior y sobre todo en el tipo de medidas que se toman para la corrección de los problemas, conclusiones absolutas llevan a medidas absolutas.

Cuando las cosas andan mal...

15.- Un aforismo en la teoría del funcionamiento y desarrollo de los grupos humanos plantea que en un grupo (equipo de trabajo, familiar, etc.) disfuncional, las soluciones que se proponen para abordar los problemas, no solo *no* los resuelven, sino por el contrario, frecuentemente complican aún más la situación.

Tomando lo anterior siempre en consideración, evitaremos alentar iniciativas que no van a la raíz del problema y que podemos predecir causaran más complicaciones que beneficios sino se cumple con imprescindible requisito de mejorar aquellos problemas de funcionalidad, muchos de ellos ajenos en el equipo o en la institución y que se ponen en evidencia a través del problema actual que puede ser considerado solamente como la reacción sintomática y no la enfermedad en si.

Hacer una pausa antes de reaccionar por reflejo, nos permitirá ver la real dimensión y el posible pronostico inmediato del problema y en muchas ocasiones caeremos en la cuenta de que finalmente la medida tomada fué mucho menor de lo que en un inicio se pretendía y en no pocos casos, no será necesario hacer absolutamente nada, es decir la mejor recomendación en este ultimo caso seria quedarse quietecito, pero muy despierto.

Todos somos parte de un todo.

16.- Una de las competencias más difíciles de lograr desarrollar en un equipo es el cambio mental del paradigma individual al paradigma grupal, por razones metapsicológicas personales, culturales o institucional, entre muchas otras variables.

Siempre será de mucho provecho entender que los grupos funcionan como sistemas que a su vez pertenecen a otros sistemas mayores, de los cuales entonces son subsistemas, que en una dinámica interminable se influyen mutuamente, por lo que en ese sentido, el fenómeno observado en nuestro grupo, con certeza repercutirá afectando en mayor o menor medida en otro sistema, aunque no alcancemos a percibirlo. De la misma manera el origen de un problema en nuestro pequeño subsistema puede bien ser buscado en el sistema del cual formamos parte.

Esta visión sistémica en nuestro equipo de trabajo nos ayudaría a entender que todos los elementos que lo conforman son indispensables en mayor o menor medida para el funcionamiento idóneo y se influyen mutuamente, al igual que el mecanismo de un reloj donde al retirar un pequeñísimo engrane podemos trastocar todo su funcionamiento.

En otro sentido, cuando alcanzamos a observar que la disfuncionalidad se encuentra a nivel del sistema, nos resultara obvio que los cambios aislados o de elementos individuales, no serán suficientes.

La vida en grupo es dinámica y cambiante.

17.- Aunque estén conformados por elementos de excelente calidad, todos los grupos humanos, sin excepción, caen frecuentemente durante su desarrollo en estados de funcionamiento primitivo-regresivo, como: la dependencia, la lucha o la fuga, donde predomina el pensamiento visceral, basado en fantasías agresivas e irracionales, muy por encima del pensamiento objetivo y realista, basado en el crecimiento conjunto y la productividad, en lugar de la rivalidad y la envidia.

Por lo tanto, es recomendable entender que: *No existe el Grupo Ideal.* Existe un funcionamiento ideal, y este es momentáneo, por lo que no es una meta última en el desarrollo de un grupo, sino, un estado mental grupal que se debe trabajar constantemente para prolongarlo lo más posible o volver a él rápidamente cuando se cae en un estado grupal de funcionamiento primitivo-regresivo, frecuente y común en todos los grupos de trabajo, en un momento dado de su historia, a menos que estos estén conformados por robots.

Este error conceptual genera diversas reacciones en los equipos de trabajo, una de ellas se manifiesta cuando después de haberse invertido tanto esfuerzo en la conformación del *"Grupo Ideal"*, este cae en un bache de funcionamiento, que como ya mencionamos es perfectamente habitual en cualquier grupo, mas sin embargo la situación es sentida por el líder y el grupo mismo como una manifestación de la inmadurez del grupo, el cual a pesar de haber sido rigurosamente preparado no logro la meta de la excelencia operativa por lo tanto es un fraude. Luego entonces, el grupo será desahuciado pues efectivamente ya se hizo con el todo lo que era posible, por lo que solo queda desecharlo, todo completo o en partes.

Las medidas alarmistas son otra reacción frecuentemente observada en los lideres de los grupos de trabajo, quiénes pierden la calma al observar problemas en un grupo del que se esperaba tanto. Esto viene acompañado de una decepción del líder para con el grupo y del grupo con ellos mismos, pues les resulta imposible entender como es que su trabajo no es infalible después de la enorme expectativa que de ellos se tenia.

Esta situación aplica también para los grupos familiares, donde no existe un entrenamiento del miembro del equipo pero si un trabajo de formación de los padres, los cuales frecuentemente se decepcionan completamente de sus hijos y toman medidas correctivas exageradas cuando estos muestran alguna actitud o conducta que no corresponde a la expectativa que se tiene de ellos o no es bien vista socialmente, pero que por otro lado no es significativa ni afectara el desarrollo ulterior del joven. Está de más mencionar, como puede llegar a afectar la relación interpersonal de los involucrados, la medida alarmista y la desilusión que se provoca, no solo en el otro, sino en la propia autoimagen y por lo tanto en la autoestima.

Los puntos ciegos.

18.- Es innegable que la presencia de aspectos psicológicos, no percibidos de forma consciente, influyen en la manera que se interrelacionan los elementos de un grupo de trabajo afectando por lo tanto su funcionamiento.

El hecho de ser parte misma del grupo, hace con que tengamos una visión contaminada del fenómeno en cuestión, por lo que una observación externa, ofrece una perspectiva más clara de las cosas y por lo tanto una guía más precisa hacia la resolución del problema o cuando menos un diagnostico más certero.

Una manera efectiva de evitar la contaminación en la visión, que los mismos miembros del equipo tienen con respecto a su situación, es echar mano al recurso externo, por lo que es en muchas ocasiones será conveniente utilizar herramientas de diagnóstico para explicitar la problemática grupal, su gravedad, posibles factores etiológicos e idealmente propuestas de abordaje.

Es con la anterior justificativa que se recurre en ocasiones a consultores externos, expertos en el uso de estos métodos, y/o consultores internos, con una posición adecuada en el grupo, que no contamine su perspectiva, que conozcan la cultura e historia del grupo, y que puedan trabajar de manera continua y regular en la organización.

Es recomendable que el consultor interno tenga una capacidad de movilidad que le permita desplazarse a diferentes distancias del fenómeno grupal, condición sumamente difícil para los involucrados en el mismo, los cuales habitualmente se posicionan en alguna de ellas y desde ahí interpretan, sienten y reaccionan.

Utilizaremos la metáfora de la estructura de un teatro para ilustrar la última aseveración, habrá miembros del grupo que vivan la situación siempre intensamente como los protagonistas encima del escenario, captando la situación con lo que llamaremos "receptores de distancia mínima", que corresponde a la parte meramente emocional-visceral, es decir sienten pero no piensan. En la siguiente posición están los que se quedan como espectadores, quienes tienen una visión amplia y clara de la situación, como los que ocupan un lugar en las butacas a diferentes distancias del escenario, pero que sin embargo, al no involucrarse se pierden de la valiosa información que en ocasiones solo se obtiene estando en el ojo del huracán, en este caso piensan y analizan pero no actúan.

Las personas que se encuentran en la antesala del teatro podrán tal vez, escuchar sonidos provenientes del escenario e incluso la reacción en el patio de butacas, siempre de manera parcial y poco clara, por lo que solo pueden hacer inferencias de lo que está sucediendo en su equipo de trabajo, con la información que les refieren otras personas o debido a los datos indirectos que pudieran llegar a recabar en esa posición satelital.

El buen consultor deberá poder desplazarse, además de entre estas tres posiciones, a "una posición externa", que siguiendo la metáfora anterior, equivaldría a salir del teatro hacia la calle, para poder mantener una posición neutral con respecto no solo al grupo sino también a la institución y poder observarla "desde afuera" a pesar de ser empleado de la misma.

Otra de forma de utilizar metafóricamente esta posición, sería imaginar a la persona que al salir del teatro se olvida de todo lo que esta sucediendo en él, al igual que el miembro del grupo, que una vez que termina su jornada laboral se olvida temporalmente de los acontecimientos de la oficina, meta no fácil para muchos.

Liderazgo.

19.- El Líder de Popularidad.

Una concepción frecuente en la cultura organizacional es considerar como líder ideal del grupo al miembro más popular o carismático, o al mejor para realizar las funciones para las que ese grupo fue conformado.

Esta visión es tan errónea como nombrar capitán al mejor jugador del equipo, de cualquier deporte o director de la orquesta al mejor instrumentista, ya que evidentemente son funciones totalmente diferentes y que requieren de diferentes habilidades, obviamente el hecho de que la persona sea el mejor instrumentista no significa que podrá dirigir a su grupo de compañeros, lo mismo con el deportista.

Este *Líder de Popularidad* será el más elegido por sus compañeros para todo tipo de actividad o proyecto, sin importar la razón o criterio sociométrico; será con quien la mayoría quisiera trabajar, el que mayor confianza despierta en sus compañeros, sin considerar si él opina lo mismo de los otros, dando una relación unidireccional basada en la simpatía de esa persona.

Si este rasgo cultural está muy arraigado en el equipo, puede llegar a generar graves problemas en el funcionamiento, ya que al ser tan estimada esta característica dentro del grupo, la mayoría de los integrantes aspirarán a esa posición social dentro de su equipo, lo cual no es algo malo en sí mismo, sino fuera porque al buscar la popularidad a toda costa, la persona basa su relación con los demás pretendiendo la simpatía y no la funcionalidad, las cuales en ocasiones no son compatibles, dando así esas situaciones tan comunes donde observamos como un miembro del equipo evita hablar clara y directamente con un compañero para no perder la tan preciada simpatía, valor altamente codiciado en los grupos inmaduros, los cuales podrán tener un pésimo rendimiento, mas sin embargo presumir de la armonía y envidiable ambiente en su clan.

El llamado *Líder Sociométrico*, es realmente aquel elemento quien tiene la mejor posición dentro del grupo, ya que cuenta con una mayor claridad en sus relaciones con los demás, aunque éstas no sean siempre de simpatía, lo cual le permite saber con quién puede realizar, y con quien no, alguna tarea específica. Sin embargo no estamos hablando solamente de la buena *capacidad de Percepción* que tiene ese individuo para saber dónde está situado dentro de su grupo, sino que además posee una buena *capacidad de Emisión*, lo que permite que sus compañeros lo "capten fácilmente", lo cual evita confusiones y malos entendidos, ya que el hecho de que dos personas tengan claro, por ejemplo, que no son compatibles o no desean trabajar juntos, no tiene porque generar problemas de funcionalidad y sí por el contrario es más fácil la asignación de tareas y formación de subgrupos, a menos que se tenga un líder que pretenda al igual que lo hacen muchos padres de familia, de que todos sus hijos lleven de manera forzosa una buena relación por el simple hecho de pertenecer al mismo equipo o familia.

La Utilización de las Experiencias de Éxito.

20.- Las experiencias de éxito y sistemas funcionales en un grupo, frecuentemente fracasan cuando se intentan aplicar en otro, por que no respetan la identidad y cultura propia.

El error común es que existe una parte de esos modelos que no podrá ser reproducida, porque está relacionada con la idiosincrasia de sus creadores, diferentes, únicos e irrepetibles. Sin embargo esta parte intangible de dichos sistemas o esquemas de trabajo no es considerada y en muchas ocasiones ni siquiera identificada como parte importante del éxito de dicho sistema, "lo importante es como se hace, no quién, dónde y bajo qué circunstancias lo hace".

Es frecuente la preocupación por que el grupo entienda como funciona el nuevo sistema y aprenda a replicarlo, en lugar de observarlo como una posibilidad de mejora. Como la diferencia entre escuchar una recomendación y escuchar el testimonio personal que alguien desea compartir su experiencia, para quien le pueda ser útil.

Si la recomendación es dada por un verdadero experto, tendrá que contemplar justamente esta consideración.

Por otro lado, la imposición de "algo" ajeno, es sentido como una devaluación de la capacidad del grupo para resolver sus propios problemas, con sus muy particulares formas de operar.

Esto no significa que el equipo de trabajo no busque y acepte ayuda, o tome en consideración las experiencias de otros; pero asimilándolas, haciéndolas suyas, enriqueciéndolas, no imitándolas automáticamente como una copia al carbón.

Conserva cultural o Cultura enlatada.

21.- "Hasta las creaciones más importantes y significativas de la humanidad tienden a perder su valor si no se modifican con el paso del tiempo, adaptándose a las nuevas situaciones".

Aquello que fue concebido en un momento creativo, se convierte en lo que llamamos *cultura enlatada* cuando deja de ser fuente de inspiración para seguir generando transformación, renovación y desarrollo.

La innovación y el movimiento constante previene del efecto nocivo de la conserva cultural la cual tiende a la parálisis del grupo. Si tomamos como ejemplo los "clásicos", en literatura o arte, nos quedará muy clara la diferencia entre una obra que sigue siendo representada con variantes e inspirando a otro tipo de expresiones de la misma, contrario al pensamiento de las personas que no escriben porque Cervantes o Shakespeare ya lo dijeron todo. En ese punto la obra de esos dos genios esta resultando contraproducente en términos de desarrollo creativo.

V

Recomendaciones:
Respuestas Y Consejos.

Siempre atentos, La Detección Temprana y Oportuna.

22.- Toda situación problemática de un grupo, presentó síntomas indicadores, que no fueron detectados oportunamente, argumentando un falso optimismo, como si eso, por sí solo modificara los resultados, como vimos anteriormente, aparece la negación o minimización del problema, contribuyendo con esta ceguera inicial a que el problema sea observado hasta que es prácticamente imposible negarlo.

Esto nos habla también de cómo el grupo, como un sistema cerrado, que mantiene un "*status quo*", es decir el sistema tiene la tendencia a mantenerse siempre igual (resistencia al cambio) por lo que para intentar un cambio, se deben buscar antes que nada, los factores homeostáticos que dificultan dicho cambio en el sistema.

De manera general la recomendación sería, siempre tomarse la molestia de poner atención a los indicadores tempranos de disfuncionalidad, que afectan directa o indirectamente el rendimiento, tratar de elaborar alguna impresión diagnostica del fenómeno y una pequeña hipótesis de la etiología o causa del fenómeno observado.

Una vez realizadas estas breves tareas, solo queda el seguimiento, con estos parámetros previamente contemplados el tiempo nos dictará qué hacer, al igual que el médico que esta frente a un paciente con un solo síntoma, insuficiente para el diagnóstico, por ejemplo fiebre o dolor abdominal, más nada. El error del tratante sería dar algún remedio para el dolor o la fiebre, ya que al eliminar este *síntoma pivote* estaría enmascarando un proceso subyacente mucho más grave, por lo que muy a su pesar y aunque el paciente sufra, queda a la espera de que aparezca (o remita) el cuadro clínico completo.

La visión de *Grupo Operativo* nos sugiere que "El grupo debe preocuparse por revisar cómo opera como grupo (*Tarea Interna*), para cumplir con el objetivo para el que fue formado (*Tarea Externa*). Sin un buen balance entre Tarea Externa (capacitación técnica, organización, administración, etc.) y Tarea Interna (trabajo de reflexión acerca de su desarrollo como grupo humano, comunicación, relaciones interpersonales, etc.), el grupo, tarde o temprano detendrá su crecimiento.

Se requiere de una actitud alerta, de auto evaluación constante, idealmente, de espacios de discusión y reflexión, de abrir canales de flujo de información y crítica constructiva; de lo contrario, esa información se convierte en destructiva en los pasillos y corredores, como chisme, "grilla" o rumor.

Siempre será bueno realizar el *check-up grupal* cada cierto tiempo de manera programada, donde los elementos del grupo puedan esperar por los tiempos y lugares adecuados para expresar su sentir dentro del grupo.

Desafortunadamente son pocos los instrumentos de diagnóstico e indicadores de clima organizacional, objetivos y medibles, no sujetos al sesgo individual o el "clima emocional del momento"

Como influye nuestra historia en el cambio o estancamiento.

23.- La historia grupal-institucional influye fuertemente en la actitud de un grupo, llegando a prejuiciarlos para un cambio. Pensamientos como "*si no lo hemos hecho antes, no lo vamos a hacer ahora*", "*va a ser muy difícil, nunca hemos podido...*", "*no necesitamos cambiar nada*", son comunes argumentos en grupos con miedo al cambio y con un sobrevalorado arraigo en lo que llaman sus tradiciones, entendiendo tradición en este caso a aquellas prácticas que actualmente no tienen una razón de ser y que sin embargo se continúan llevando a cabo por el simple hecho de que así ha sido siempre y todos lo hacen.

Todo esto llega a generar un verdadero convencimiento de que las cosas nunca van a cambiar, sin percibir que justamente este pensamiento es el factor principal de la dificultad para la transformación, influyendo tan fuertemente que es la explicación del fenómeno psicológico llamado *Profecías Autocumplidas*, donde el grupo con una actitud fatalista induce un fracaso que le sirve para reforzar el convencimiento de que es imposible cambiar. Este efecto *Pigmalión* es frecuentemente observado en instituciones publicas y gubernamentales.

Integración Grupal, ¿Cómo nos elegimos en el grupo?

24.-Durante el proceso de conformación de un equipo de trabajo o de la integración de nuevos elementos a uno ya formado, frecuentemente se comete el error de realizar una selección con un enfoque individualizado, sin considerar que esos elementos "separados", integrarán un grupo que forzosamente tendrá que trabajar unido.

Independientemente de las destrezas y habilidades comprobadas del individuo, sus antecedentes, grado de preparación y cumplimiento con el perfil institucional se recomienda, durante la etapa de reclutamiento, considerar el gradiente de *agrupabilidad* que pudieran tener los candidatos a integrantes, independientemente de sus características individuales.

No estamos hablando de una cuestión adivinatoria, donde usemos una bola de cristal para predecir como se comportará el nuevo elemento en un futuro cercano, y sí por el contrario de, por supuesto tomando en cuenta lo anteriormente mencionado, buscar algunos indicadores concretos como pudieran ser, los antecedentes de desempeño grupal, investigar por ejemplo el grado y complejidad de la interacción en sus anteriores trabajos, su relación en grupos fuera del ambiente laboral, es decir social, deportivo, comunitario, recreativo, a cuántos grupos pertenece, qué rol juega en estos diversos grupos, la versatilidad de ese rol, ya que por ejemplo en algunos podrá ser el líder absoluto y en otros jugar roles poco trascendentes, inclusive qué tan numerosa es su familia de origen y que lugar ocupa, tanto cronológica como jerárquicamente, ¿tiene relación con su familia extensa?, como ha resuelto, intervenido o que posición ha tomado en situaciones de conflicto en dichos grupos.

Además de las características ya mencionadas del individuo, consideramos las del grupo al que va a pertenecer, desde las más básicas, como el número de integrantes, las características de estos en cuanto a promedio o disparidad de edades, equilibrio por género, nivel de escolaridad y homogeneidad en ese rubro, entre otros

Por supuesto que aparecerán otras características subjetivas o indirectas, como ejemplo de estas últimas pudiera ser un grupo en donde los hombres jóvenes, casados y con hijos pequeños muestran más motivación, que los solteros, las mujeres en edad de contraer matrimonio o los elementos que están por jubilarse y con una situación económica-profesional ya resuelta.

Ante una buena observación aparecerán importantes datos de la cultura grupal, como el liderazgo, tanto formal como oculto, la calidad de la comunicación, los subgrupos, los límites y la estructura, entre otros aspectos que pueden ser tomados en consideración para anticipar qué tan factible será el proceso de adaptación del nuevo elemento.

Por otro lado, cuando estamos hablando de la conformación de todo un nuevo equipo, tarea aun más difícil que agregar un nuevo elemento, pero que por otro lado, tiene la ventaja que da construir desde los cimientos, hacer las cosas al gusto del creador, sin vicios ni la necesidad de corregir nada, la pagina está en blanco para escribir una historia nueva y diferente. Un gravísimo error que comete, con suma frecuencia la persona o personas encargadas de conformar un equipo de trabajo es pensar equivocadamente que, "para que un grupo pueda, tener claro el mismo objetivo, tener la misma actitud positiva, trabajar con el mismo entusiasmo y esfuerzo, tienen que ser iguales". Este tipo de concepción solo es valido cuando estamos hablando de máquinas ya que una cosa es tener un grupo homogéneo y cohesivo y otra muy distinta, personas con perfiles de personalidad similares, lo cual no solo, no es la clave para la buena integración grupal y sí por el contrario, el origen de las dificultades para la misma.

El principal factor a considerar en este proceso es el *balance* en las características, desde las más superficiales, hasta las aparentemente más profundas en su grado de complejidad.

Imaginemos a tres jóvenes ingenieros, recién egresados y solteros, (con intereses actuales en seguir estudiando, sin apuros económicos, pues además viven aun en casa de sus padres, cuyas principales preocupaciones son las dificultades con sus novias o justamente cambiar o buscar compañera sentimental) que conforman un grupo donde el resto de los integrantes son 11 mujeres, mayores de 40 años casi todas casadas y con hijos, con mucho tiempo de laborar en la compañía, aunque no todas cuentan con estudios superiores.

En el ejemplo anterior podríamos inferir, que por el simple hecho de tener estilos e intereses de vida tan distintos, por un lado la interacción entre las damas y los caballeros se limitará estrictamente a cuestiones laborales, que las formas de pensar de unos serán difíciles de entender por los otros, que se criticarán mutuamente (por cuestiones generacionales) hasta la manera de vestir. Por otro lado no sería extraño que los varones formaran un subgrupo, que una vez consolidado, difícilmente se integre al resto del grupo y que entre (como bloque) en choque con las demás compañeras, convirtiéndose en un lastre para todo el equipo.

De la misma manera tendríamos que considerar los aspectos psicológicos de los candidatos a configurar el equipo, ya que no seria funcional, tener en un mismo grupo a 10 *Atila* o 10 *Gandhi* ni a 10 *Frida Kahlo* o 10 *Madre Teresa*, pero sí una buena combinación de todas estas características de personalidad, que le permitan a uno o a unos elementos en particular tomar el liderazgo del grupo en un momento determinado donde se requiera de ciertas competencias para el éxito de la tarea.

El grupo maduro permite el "liderazgo rotatorio", por las razones previamente mencionadas y no debido al reclutamiento de "Boinas Verdes" o "todólogos", dispuestos a entrar en acción cuando la ocasión lo amerite.

Cuando un equipo ya está conformado y trabajando juntos, de forma cotidiana se enfrenta a la necesidad de hacer tareas en subgrupos y estar decidiendo quién lidera y también quién no; qué posiciones, roles y funciones deberá de jugar en un momento determinado (entre mayor flexibilidad para el ejercicio de esos roles, mayor garantía de integración grupal) ya que no todos están parados frente a una banda en la línea de producción realizando como autómatas la misma acción de forma repetida e interminable.

Por lo anterior, debemos tener presente que los seres humanos se relacionan entre sí de acuerdo a elecciones, las cuales pueden ser positivas, negativas o neutras (ambivalentes), y dependiendo de un tarea a realizar (criterio). En palabras simples *"Te elijo, no te elijo o me da lo mismo elegirte para tal o cual tarea."*

Es importante conocer la configuración sociométrica del grupo, es decir cómo se eligen mutuamente los miembros del grupo, para realizar una tarea determinada. Entre mayor sea la claridad, tanto de la emisión como de la percepción de sus comunicaciones, verbales y no verbales, mayor será su funcionalidad, ya que cada elemento sabe que esperar de su compañero, lo cual evita malos entendidos e imágenes distorsionas de la relación entre ellos, así como decepciones por expectativas no cumplidas.

Realidad Grupal.

25.- Lo que sucede dentro de un grupo es apreciado por cada uno de los integrantes de manera diferente. Dicho desde el punto de vista del *Constructivismo,* no existen realidades totales sino realidades particulares y no existen realidades reales, sino realidades virtuales sujetas de modificación a cada momento.

La ventaja de creer que la realidad se construye y se deconstruye continuamente, en lugar de contemplar una sola realidad general, estática y "escrita en bronce", es que se puede modificar la manera de visualizarla y reaccionar ante ella; y a partir de este punto, todo cambio, hipotéticamente, es posible.

Desde la óptica del Psicodrama, su creador, Jacob Levy Moreno, lo menciona planteando que existe *"una verdad histórica y una verdad poética o psicodramática"* sujeta de modificación.

De ahí que, antes de pretender cambiar algo en un grupo, tenemos que entender lo anterior y tratar de aceptar sus diferentes apreciaciones individuales, para posteriormente, aspirar a un entendimiento colectivo.

La Espontaneidad y la Creatividad.

26.- Una de las primeras conclusiones derivadas de un adecuado análisis del comportamiento de un grupo o individuo, con respecto a las causas de sus problemas, es la falta de espontaneidad.

La persona o el grupo tiene, en términos freudianos, una compulsión hacia la repetición, es decir, reacciona siempre de la misma manera ante el mismo estímulo, y por ende, al tener los mismos resultados negativos de manera repetida y por largo tiempo, se convence de la imposibilidad de cambio y confunde el hecho de hacer algo muchas veces con hacerlo de todas las maneras posibles.

Es aquí donde aparece realmente la necesidad de ser creativos tanto de manera individual como colectiva.

Para la teoría del Psicodrama la espontaneidad se define operativamente como "la capacidad de dar una respuesta nueva a una situación antigua, o una respuesta diferente y adecuada a una situación nueva".

Podríamos decir entonces que la espontaneidad es un requisito indispensable para la creatividad, ya que sin ella nuestras, nuestras respuestas son estereotipadas o compulsivas.

El Encuentro (conmigo mismo y con el otro).

27.- La integración grupal es un proceso que puede darse de manera natural en un grupo humano, por el simple hecho de estar juntos, sin embargo es un fenómeno sujeto de ser inducido.

Algunas recomendaciones para estimular la integración grupal es dejar el énfasis en las diferencias entre los integrantes de un equipo, lo cual solo lleva a la pretensión de forzar a que las personas modifiquen su naturaleza en aras de cumplir con "un perfil requerido" que en otros términos es un proceso de alienación.

Si por otro lado buscamos la manera de resaltar nuestras similitudes, nos daremos cuenta, sorprendentemente, de lo fácil que es encontrarnos con "el otro" en un plano humano.

El encuentro con uno mismo y con el otro, genera un entendimiento entre seres humanos sin "etiquetas", sin defectos ni virtudes, sólo características semejantes o diferentes.

Para fomentar este encuentro es necesaria la aproximación sin que medie un factor externo, como es precisamente el trabajo, el cual solo permite que mostremos un pequeña parte de nosotros, lo que podríamos llamar de rol laboral.

La manera más simple de iniciar dicha aproximación es el compartir, lo cual nos coloca en igualdad de circunstancias con el otro, dando y recibiendo a través de la forma más simple que es el intercambio de información. Es sorprendente ver como compañeros que llevan años trabajando juntos no conocen del otro, datos de su vida personal tan superficiales como el número de hijos, lugar de nacimiento, gustos o aficiones.

En ocasiones se requerirá la asistencia de un facilitador externo para este tipo de procesos, sobre todo cuando el grupo se encuentra ya sintomático, en el caso contrario es recomendable la práctica conocida de las actividades de convivencia social fuera del ámbito laboral, idealmente coordinadas por algún o algunos elementos que sirvan de catalizadores de estos encuentros entre los elementos del grupo, ya que el hecho solo de salir y convivir fuera de la oficina no es garantía de que la persona se despojará de la careta o rol laboral que todos ya conocen.

A manera de colofón.

Antes que nada, agradecer el tiempo y paciencia que dedicaste a leer este escrito.

Espero que haya sido de provecho y haya podido sembrar en ti algunas dudas, pues es esa su intención, tal vez también clarificar algunos aspectos del inmenso y complejo universo que es el Grupo Humano, del cual intenté compartir contigo mi actual punto de vista, el cual seguramente cambiará dentro de un tiempo.

Gracias, Andrés

Síntesis Curricular
Dr. Andrés López Rentería.

El Dr. Andrés López Rentería, nace en el año de 1964 en la ciudad mexicana de Monterrey, capital del estado de Nuevo León, siendo de las ciudades más importantes de México, con gran desarrollo industrial y comercial, es conocida entre otras cosas por la disciplina y dedicación al trabajo de sus moradores.

Casado y con tres hijos, es graduado de la Facultad de Medicina de la Universidad Autónoma de Nuevo León, realizó sus estudios de posgrado como Especialista en Psiquiatría en el departamento de Psiquiatría del Hospital Universitario "Jose Eleuterio Gonzalez" de Monterrey.

Miembro fundador del Colegio de Médicos Psiquiatras de Nuevo León, la Asociación de Psiquiatría del Noreste, coordinó la sección académica "Psicología de la Expresión" de la Asociación Mexicana de Psiquiatría.

Participó de diversos estudios de investigación en psicofarmacología.

Fue profesor de posgrado en la especialidad de psiquiatría en la Universidad Autónoma de Nuevo León y el Instituto Tecnológico de Estudios Superiores de Monterrey, laboró cerca de 15 años en la Secretaria de Salud de Nuevo León, en el Hospital Psiquiátrico de esta dependencia, así como en otros proyectos relacionados con la salud mental, como la unidad de rehabilitación para pacientes psiquiátricos penitenciarios.

Inició su formación como Psicodramatista en la Escuela Mexicana de Psicodrama y Sociometría en la Ciudad de México, obteniendo el grado de Director de Psicodrama por el Instituto de Psicodrama y Mascaras de Fortaleza, Brasil.

En el año 2000 funda la Sociedad Mexicana de Psicodrama, institución dedicada a la difusión del psicodrama en su país y a la formación de psicodramatistas.

Es Miembro del Claustro Internacional de Maestros de la Escuela de Dramaterapia de Santiago de Chile, es además miembro fundador de la Red Iberoamericana Norte- Sur de Psicodrama.

Es director de la Compañía de Teatro Espontáneo "Arte Cotidiano", dedicada a la psicoeducación en organizaciones y la comunidad.

El Dr. López ha impartido un sinnúmero de talleres y conferencias, en organizaciones e instituciones académicas, tanto en su país como fuera de él, Estados Unidos, Chile, Argentina, Ecuador, Cuba, Brasil, entre otros.

Con más de 20 años de experiencia en el manejo de grupos humanos, actualmente dedica su tiempo a la enseñanza del psicodrama, la psicoterapia individual, grupal, de parejas y familias, funge como Director de **Propuestas Creativas en Capacitación**, prestando sus servicios como Consultor de Empresas en procesos grupales en las áreas de capacitación, integración de equipos de trabajos, gestión de conflictos y Diagnostico Sociométrico.

Con una amplia experiencia en el apoyo a empresas de manufactura, transformación y servicios, así como instituciones de gobierno y particulares, ha creado con excelentes resultados, programas para la resolución de los problemas comunes en estas organizaciones, como son la alta rotación y problemas de adaptación a la empresa, insatisfacción y conflictos en los equipos de trabajo, accidentes y seguridad, calidad, innovación y desarrollo integral en el trabajo.

Es además autor del libro, *"Psicodrama Pedagógico, sus Técnicas y Aplicaciones"*, dirigido a personas interesadas a la coordinación de grupos con técnicas dramáticas, así como de otros textos donde recurre a la metáfora para explorar a través de cuentos cortos, temas como las relaciones de pareja, las expectativas de vida de las personas en la sociedad actual, los roles y las máscaras sociales y otros más específicos como los aspectos humanos involucrados en la ocurrencia de accidentes.

Además de la convivencia con los amigos, la familia, como todo regiomontano, gusta de la buena carne asada y el deporte, disfruta de ver y jugar futbol soccer y es cinta negra de Karate Do, el cual practica desde los 17 años.